Die Kinder der Erde erinnern sich

von Schim Schimmel

Für meine wundervolle Tochter, Sierra Mariah Schimmel.
Deine Gegenwart verändert alles.

Edition Sternenprinz
im **HANS-NIETSCH-VERLAG**

Irgendwo in den samtschwarzen Tiefen des Weltraums
dreht sich eine strahlend blaue Welt.

Aus der Ferne wirkt diese Welt
wie eine wundervolle blau-weiße Murmel.

Doch je näher
wir kommen,
desto mehr
Farben
sehen wir –
Rot und Braun
und Gelb
und alle
Nuancen von
Grün.

Es gibt viele Welten
inmitten des Weltraums,
aber diese Welt ist besonders.

Dies ist keine gewöhnliche Welt.

Es gibt viele Tiere in dieser Welt.
Milliarden von Tieren.
Mehr Tiere als all die funkelnden
Sterne am Nachthimmel.

Und all diese Tiere sind die Kinder dieser Welt.
Denn diese Welt ist ihre Mutter.

Und wir nennen diese Welt

Mutter Erde.

Die Tiere sind nicht allein
auf Mutter Erde.
Sie leben gemeinsam mit
den Menschen.
Milliarden von Menschen.
Mehr Menschen als all die
funkelnden Sterne am
Nachthimmel.
Und all diese Menschen
sind auch die Kinder von
Mutter Erde.
So sind die Tiere und die
Menschen und Mutter
Erde alle eine große
Familie.

Und die Delfine spielen.

Und die Vögel singen.

Und die Rehe tanzen.

Und die Menschen leben.

In der samtschwarzen Tiefe des Weltraums
dreht sich die Familie von Mutter Erde.

Und die Tiere erinnern sich.

Sie erinnern sich an eine Zeit
mit Mutter Erde, bevor es
Menschen gab.

Sie erinnern sich daran, wie die grünen Wälder dicht und üppig wuchsen.
Wie alle Ozeane, Flüsse und Seen sauber und kristallklar waren.
Wie der Himmel strahlend blau glänzte.

Und die Tiere erinnern sich an die ersten Menschen.
Zuerst gab es nur sehr wenige.
Doch bald wurden es immer mehr, bis überall auf Mutter Erde Menschen lebten.

Es waren immer noch viel mehr Tiere als Menschen.
Und die Menschen teilten Mutter Erde mit den Tieren.
Denn sie erinnerten sich noch, dass die Tiere ihre Brüder und Schwestern waren. Sie erinnerten sich noch, dass sie gemeinsam eine große Familie waren.

Und die Tiere und die
Menschen waren die
Augen und die Ohren und
das Herz von Mutter Erde.

Wenn die Delfine spielten,
dann spielte Mutter Erde.

Wenn die Vögel sangen,
dann sang Mutter Erde.

Wenn die Rehe tanzten,
dann tanzte Mutter Erde.

Und wenn die Menschen liebten,
dann liebte Mutter Erde.

Die Zeit verging, und noch mehr Menschen wurden geboren.
Ihre Anzahl wurde immer größer, bis es so schien,
als gäbe es mehr Menschen als Tiere.

Und die Menschen vergaßen.

Sie vergaßen, das
Land und das Wasser
und den Himmel von
Mutter Erde mit den
Tieren zu teilen.

Sie vergaßen, dass die Tiere ihre Brüder und Schwestern waren. Sie vergaßen, dass sie alle zu der einen großen Familie von Mutter Erde gehörten.

Die Menschen vergaßen.

Aber die Tiere erinnerten sich.
Und sie wussten, dass sie die Menschen erinnern müssen.
So erinnern uns unsere Brüder und Schwestern jeden Tag . . .

Und wenn die Delfine
spielen,
erinnern sich die
Menschen.

Wenn die Vögel singen,
erinnern sich die
Menschen.

Wenn Rehe tanzen,
erinnern sich die
Menschen.

Und wenn sich die Menschen erinnern,
dann lieben sie.

Die Kinder der Erde **erinnern sich**

von Schim Schimmel

Schim Schimmel beschreibt seine Acrylbilder als öko-visionären Surrealismus. In ihnen vermittelt er seine Botschaft, dass wir diesen Planeten mit der ganzen Vielfalt seiner Bewohner teilen müssen: „Das zentrale Thema meiner Kunst und Texte ist das Wissen um die wechselseitige Abhängigkeit aller Lebensformen auf der Erde. Ich bin davon überzeugt, dass die Schöpfung auf Einheit beruht und wir alle letztlich eins sind." Schim Schimmels Bilder sind als signierte und limitierte Kunstdrucke sowie als Puzzles, Grußkarten u.v.m. erhältlich. In den USA sind zwei weitere Bilderbücher von ihm erschienen.

This German edition first published by © Hans-Nietsch-Verlag 2002. This edition produced in cooperation and with the assistance of Jo Dupre BVBA.

Übersetzt aus dem Amerikanischen
von Thomas Menzel

Layout: Russell S. Kuepper, Schim Schimmel
Satz: Rosi Weiß, Kurt Liebig

Hans-Nietsch-Verlag
Poststr. 3 · D-79098 Freiburg
Internet: www.nietsch.de, www.sternenprinz.de
E-mail: info@nietsch.de

ISBN 3-934647-49-9